CHAMBRE DE COMMERCE DE LIMOGES

QUESTION

DU

RACHAT ET DE L'EXPLOITATION

DES CHEMINS DE FER

PAR L'ÉTAT.

F. F. ARDANT FRÈRES,

IMPRIMEURS-LIBRAIRES

LIMOGES

11, Avenue du Midi, 11.

1880

CHAMBRE DE COMMERCE DE LIMOGES

QUESTION

DU

RACHAT ET DE L'EXPLOITATION

DES CHEMINS DE FER

PAR L'ÉTAT.

Extrait du procès-verbal de la séance du 27 août 1880.

CHAMBRE DE COMMERCE DE LIMOGES

QUESTION

DU

RACHAT ET DE L'EXPLOITATION DES CHEMINS DE FER

PAR L'ÉTAT.

L'ordre du jour appelle la délibération de la Chambre sur la question du rachat des chemins de fer et de. leur exploitation par l'Etat.

M. Alfred Dubreuil, Président de la Chambre de Commerce, donne la parole à M. Firmin Ardant, rapporteur de la Commission des chemins de fer, qui fait la lecture du rapport qu'il a rédigé sur cette importante question.

MESSIEURS,

Le rachat du réseau français des chemins de fer par l'Etat n'est pas une question nouvelle pour vous. Déjà, au mois de février dernier, sur l'avis que M. le ministre des Travaux Publics avait soumis à la Commission spéciale nommée par la Chambre des Députés un projet de rachat d'une partie des concessions du chemin de fer d'Orléans, vous délibériez :

« En principe, la Chambre de Commerce de Limoges est opposée à tout » nouveau rachat de chemin de fer pour être exploité par l'Etat. »

Depuis, la Commission des chemins de fer, composée de 53 députés, s'est prononcée résolument pour le rachat intégral de la compagnie d'Orléans, et ce projet, dont l'adoption amènerait fatalement l'absorption par l'Etat de tout le réseau national, contient en lui-même des questions d'une gravité telle que vous avez pensé que votre Chambre, représentant les intérêts commerciaux, industriels et agricoles du département, avait le devoir de sortir de la réserve de son premier vote et d'affirmer ses convictions en les appuyant sur des considérations économiques et sociales.

Vous m'avez chargé, Messieurs, de l'étude de cette importante question, et je suis heureux de vous apporter le résultat de mes recherches auxquelles j'ai cru devoir ajouter mes considérations personnelles. — Je vous demande de vous les soumettre, espérant qu'après les avoir entendues, vous voudrez bien les approuver.

Pour étudier à fond cette importante question j'ai cru devoir créer la division suivante :

— Quelle est l'origine du réseau d'Etat?

— Les compagnies de chemin de fer qui existent donnent-elles progressivement les améliorations utiles et nécessaires?

— Quelles seront les conséquences financières du projet de la Commission?

— L'Etat peut-il être bon entrepreneur de transports?

— Les systèmes étrangers sont-ils meilleurs que ceux pratiqués en France?

— L'homologation des tarifs ne donne-t-elle pas une juste satisfaction au pouvoir et une sérieuse garantie au public?

Nous savons tous aujourd'hui combien a été difficile l'application de cette idée des chemins de fer, que beaucoup d'esprits éclairés se refusaient, d'abord, de traiter autrement que du mot d'utopie. Il en a été de cette importante découverte, qui devait, en abrégeant les distances, transformer le monde et y apporter des principes économiques et sociaux nouveaux, comme de toutes les grandes découvertes de l'esprit humain. Difficile à son début, sa marche est devenue forte, grande et productive par la suite, et enfin aujourd'hui, les peuples sauvages même l'appliquent à travers leurs pays incultes et déserts.

L'Europe est couverte de chemins de fer, la France en particulier voit tous ses produits se transporter du Nord au Midi, de l'Est à l'Ouest, avec la plus grande facilité et la plus grande rapidité.

Le grand réseau formé, l'Etat s'est occupé avec énergie à le compléter par des lignes secondaires donnant satisfaction à des pays moins riches, qui devaient être par ce fait moins productifs. Aussi pour ne pas toucher au grand crédit français, pensa-t-il, avec raison, devoir donner aux grandes compagnies qu'il chargeait de la construction de ces nouvelles lignes, une garantie d'intérêt.

Comment donc a pu naître l'idée qui nous occupe du rachat des chemins de fer, au milieu de cette prospérité générale, lorsque rien ne semblait demander un changement à un pareil état de choses? — C'est là, Messieurs, ce que nous allons rechercher.

A une époque, le gouvernement, dérogeant à la grande idée mère qui avait présidé à la formation du réseau national, crut devoir accorder la concession de lignes secondaires à de nouvelles compagnies. On vit alors se construire, puis fonctionner, les lignes des Charentes, de la Vendée, d'Orléans à Rouen, etc., etc. Mais comme ces lignes n'avaient pas un parcours assez considérable, leur rendement fut restreint, et les recettes ne purent malheureusement pas équilibrer les dépenses. La gêne survint, la mauvaise administration s'en suivit, et légalement on dut se préoccuper d'une pareille situation qui se compliquait chaque jour.

En 1877 une convention était intervenue entre la compagnie d'Orléans, d'une part, et les compagnies des Charentes et de la Vendée, d'autre part. M. le ministre des Travaux Publics, M. Christophle présenta à la Chambre des Députés un projet de loi ratifiant cette convention. Mais le projet fut rejeté et c'est à cette occasion que M. Lecesne, député du Havre, posa le premier la question du rachat par l'Etat de tout le réseau des chemins de fer français.

Le gouvernement achetait alors les compagnies des Charentes, de la Vendée et autres, et promettait au Parlement que l'exploitation des lignes rachetées ne serait que *provisoire*.

Voilà Messieurs, l'origine du réseau d'Etat :

Il se compose des lignes des Charentes, de la Vendée, d'Orléans à Châlons-sur-Marne, d'Orléans à Rouen et autres petites lignes de petit trafic :

De Tours aux Sables-d'Olonne	231 kilomètres.
» à Châteauroux.	118 »
D'Angers à Poitiers.	156 »
De Saumur à Montreuil-Bellay.	19 »
» Taillebourg à Saint-Jean-d'Angély.	19 »
» Coutras à La Roche-sur-Yon.	288 »
» Blaye à Saint-Mariens.	25 »
» Limoges à Beillant.	190 »
» Nantes à Pornic.	57 »
» Saint-Pazanne à Challans.	55 »
» Saint-Hilaire à Paimbœuf.	28 »
» Saint-Nazaire au Croisic et à Guérande.	52 »
» Bordeaux à La Sauve.	27 »
» Orléans à Châlons-sur-Marne.	298 »
» Orléans à Dreux.	118 »
» Chartres à Drou.	58 »
» Chartres à Auneau.	29 »
TOTAL.	1,726 »

Le réseau d'Etat formé, deux courants d'idée se firent jour, l'un pour la formation d'un réseau d'Etat ayant tête à Paris, possédant un parcours suffisant pour lui assurer son existence ; l'autre, pour le rachat du réseau, d'abord de la compagnie d'Orléans, puis de celui des autres compagnies françaises, et leur exploitation par l'Etat.

Le 22 février, un projet de loi a été présenté par M. le ministre des Travaux Publics, portant approbation d'une convention conclue avec la compagnie d'Orléans. — Aux termes de cette convention, la compagnie d'Orléans, en outre de toute la partie de son réseau situé à l'ouest de la grande ligne de Paris à Bordeaux, cédait à l'Etat la ligne de Tours à Brétigny et celle de Paris à Sceaux et à Limours, pour donner au nouveau réseau une entrée à Paris; et de son côté, l'Etat cédait à la compagnie d'Orléans toute la partie lui appartenant à l'est de la grande ligne de Paris à Bordeaux, et lui concédait, en outre, l'exploitation des diverses autres sections en construction ou à construire dans cette même région. Seulement, toute la partie cédée par l'Etat devait être exploitée par la compagnie d'Orléans, à titre de compagnie fermière, et *l'Etat devait être maître des tarifs pour cette exploitation.*

Par cette combinaison, le réseau d'Etat mis d'un côté en communication avec Paris, aboutissait, de l'autre, à tous les ports du littoral, de Brest (Landerneau) à Bordeaux. Le nouveau réseau, ainsi constitué, formait un tout homogène, bien défini et assuré d'une existence propre et indépendante. Cependant, la Commission de la Chambre des Députés a trouvé cette convention inefficace et insuffisante, et elle a répondu au projet de loi de M. le ministre des Travaux Publics par une proposition de rachat de tout le réseau d'Orléans.

Le projet de M. le ministre tend, par le rachat d'une partie des concessions de la compagnie d'Orléans à donner une meilleure assiette au réseau d'Etat; le projet de la Commission, dans le même but, vise le rachat de toute la compagnie d'Orléans, et dans les deux cas, c'est la dépossession, à bref délai, des autres compagnies.

La conclusion finale du rapport de l'honorable M. Lebaudy, Président de la Commission, ne laisse d'ailleurs aucun doute à ce sujet.

Et quels sont, Messieurs, les arguments sur lesquels on s'appuie pour condamner les compagnies concessionaires existantes, et justifier, par le rachat de la compagnie d'Orléans, l'intervention de l'Etat dans le domaine de l'industrie privée?

Ils sont de plusieurs sortes et nous les avons interprétés ainsi :

— Le réseau d'Etat a un mauvais voisin, la compagnie d'Orléans, qui, au moyen de ses tarifs, lui enlève un trafic lui appartenant légitimement, de par la loi des distances.

— L'Etat veut abaisser les tarifs, *mais l'Orléans transporte à trop bon marché.*

— Il y a nécessité de réviser *les tarifs spéciaux*, en trop grand nombre et *contraires aux intérêts du commerce et de l'industrie*, et de les remplacer par un tarif uniforme à base kilométrique décroissante.

— *Les grandes compagnies se montrent rebelles au progrès*, et l'Etat n'a pas assez d'autorité sur elles.

En somme, Messieurs, aucun grief déterminé, aucun chef précis d'accusation. Rien que de très vague et de nombreuses contradictions ; au bout de tout cela, l'idée fixe de racheter les grands réseaux pour les faire exploiter par l'Etat.

Toujours est-il, qu'après avoir refusé de procéder à l'expérience d'un rachat partiel, la Commission poursuit avec acharnement cette idée funeste et dangereuse du rachat total de la compagnie d'Orléans et des autres grands réseaux.

Sans avoir à examiner la raison qui a déterminé la Commission de la Chambre à prendre cette grave résolution, dont l'adoption amènerait une déplorable révolution économique, nous avons le devoir de nous lever pour la combattre avec énergie, sachant d'ailleurs que le rachat par l'Etat de tout le réseau national, et même du seul réseau d'Orléans, soulève dans le public d'invincibles répugnances.

Certes, Messieurs, les errements des compagnies sont loin de la perfection, mais l'Etat fera-t-il mieux? Ce que vous savez de ses capacités pratiques, en matière d'exploitation de chemin de fer, n'est évidemment pas fait pour vous rassurer.

Parce que les compagnies n'ont pas encore donné toutes les satisfactions que demande l'opinion publique, parce qu'elles donnent prise sur certains points à des critiques, d'ailleurs très souvent exagérées, devons-nous pour cela nier les immenses services qu'elles ont rendus, et méconnaître les améliorations considérables qu'elles ont réalisées, depuis qu'elles sont fondées, et qu'elles réalisent chaque jour?

Les grandes compagnies ne sont pas rebelles au progrès, comme certains esprits veulent bien le dire. Depuis quelques années, elles ont accompli, la compagnie d'Orléans en particulier, de nombreuses et excellentes améliorations, et nous avons la conviction qu'elles sont toutes très disposées à accepter et à réaliser toutes les réformes pratiques qu'on leur soumettra.

Quelles seraient, Messieurs, les conséquences de l'adoption du projet de la Commission, au point de vue des finances?

Comme je l'ai déjà dit, l'Etat avait accordé aux compagnies pour la construction de nouvelles lignes ferrées une garantie d'intérêts. Grâce à la convention du 11 juin 1859, les compagnies ont pu construire 11,000 kilomètres de chemins de fer nouveaux.

La compagnie d'Orléans exploite aujourd'hui, 2,020 kilomètres, ancien réseau, 2,440 kilomètres, nouveau réseau, y compris les 98 kilomètres de la Sarthe.

Les intentions de la Commission de la Chambre des Députés sont aujourd'hui, nettement formulées, de faire racheter par l'Etat la compagnie d'Orléans, moyennant :

1° Une indemnité de 80,374,270 francs à payer pendant 75 ans à la compagnie.

2° Un capital de 69 millions à payer comptant, soit, en calculant l'amortissement, une annuité de 3,400,000 francs, c'est-à-dire que l'Etat paierait annuellement 83,774,000 francs; or, le produit de l'exercice 1879 s'étant élevé à 81,540,000 francs, il y aurait pour l'Etat un déficit annuel de 2,234,000 francs.

Les auteurs du projet disent bien, pour justifier leur opération, que la

2

progression normale étant de 2 °/₀ par an , le produit annuel atteindra en 5 ou 4 ans de 87 à 88 millions, mais nous ne pouvons accepter d'hypothèse lorsqu'il s'agit d'une question aussi grave.

Ce que nous savons c'est que l'Etat, dans le réseau qu'il exploite actuellement, est en déficit; or, il est à craindre, que nous ne voyions ce déficit augmenter à mesure que s'augmentera la longueur de son réseau et l'importance de son exploitation.

L'Etat, Messieurs, n'est pas un commerçant, et il ne doit pas l'être. Je ne crois pas rencontrer parmi vous de contradicteur sérieux en émettant cette idée. En effet, on se refuse, avec raison, à voir l'Etat qui doit être le pouvoir pondérateur et dirigeant , se faire commerçant et industriel, et prendre en main l'exploitation d'usines de fer pour préparer ses rails et ses machines , ou de bois, pour ses wagons, etc., etc.

Du reste, Messieurs, l'idée qui est émise aujourd'hui n'est pas nouvelle; l'Etat a eu déjà à l'appliquer. Ainsi en 1848 il a dû prendre en main l'administration du chemin de fer de Paris-Dijon-Lyon, qui, par suite des événements, ne pouvait faire face à ses engagements. Il a exploité cette ligne, ainsi que celle de Paris-Chartres, pendant plus de trois ans et les résultats de ces deux exploitations furent désastreux.

Si nous examinons le rendement que l'Etat accuse sur le réseau qu'il exploite aujourd'hui , nous constatons qu'il obtient un produit net de 10 °/₀ inférieur à celui qu'obtenait la compagnie rachetée.

En 1878, (nous n'avons pas de renseignements sur l'exercice de 1879), sur le réseau d'Etat, le rapport de la dépense à la recette a été de 81,18 °/₀, tandis que sur l'Orléans la moyenne d'exploitation de l'ancien réseau (2,020 kil.) a été de 40 °/₀ et celle du nouveau réseau (2,440 kil.) de 68 °/₀.

Sur le réseau d'Etat, en cette même année, le revenu net s'est élevé à 1,11 °/₀ du capital engagé. L'Etat ayant payé 4 °/₀ pour le service des rentes de ce capital, il y a eu perte de près de 5 °/₀. En somme le déficit a atteint le chiffre de 7,580 fr. par kilomètre, soit 8 à 9 millions qu'a coûté au pays, en 1878, l'exploitation officielle; et partout où l'Etat se substitue aux compagnies, les chemins de fer deviennent une cause de perturbation pour les finances. Il y a déficit partout, par ce que l'Etat exploite moins économiquement que les compagnies privées. Il y a déficit, par cette raison supérieure, que l'industrie est incompatible avec une exploitation administrative.

Ainsi en Allemagne, les dépenses par rapport aux recettes sont sur les chemins de fer de l'Etat de 63 %, et sur les compagnies de 52 %, et il faut que vous reteniez ce point topique entre tous; c'est que les chemins de fer de l'Alsace-Lorraine qui, avant 1870, constituaient la partie la plus florissante du réseau français de l'Est, sont actuellement en déficit de près de 10 millions de francs, par an, que paient les contribuables Alsaciens.

Les chemins de fer d'Etat Austro-Hongrois exploitent à 69 %, et les compagnies privées à 63 %. L'Etat cherche à se débarrasser d'une partie de ses chemins de fer.

En Suède, le coefficient d'exploitation est de 70 % pour l'Etat, il est de 60 % pour les compagnies.

En Angleterre, où il n'existe pas de réseau d'Etat, les dépenses par rapport aux recettes atteignent 53 %.

En Belgique, ce pays de l'industrie et du commerce, cité comme modèle par M. Lebaudy, président de la Commission, en Belgique, il y a 4,000 kilomètres de voies ferrées et l'Etat en possède 2,500 comprenant la partie la plus importante et la plus fructueuse des chemins de fer de ce pays. Le coefficient d'exploitation varie entre 64 et 67 %, tandis qu'il n'est que de 56 % sur les chemins des compagnies.

Le déficit de l'exploitation du réseau Belge, par rapport à l'intérêt à servir à la somme de 609 millions qu'a coûté l'établissement de ce réseau est, depuis sept ans, de plus de 4 millions par an, et, de plus, il résulte du rapport présenté par M. Le Hardy de Beaulieu à la Chambre des députés de la Belgique que l'amortissement est suspendu depuis 1874. L'Etat Belge s'est chargé de l'exploitation de son réseau pour des considérations d'ordre exclusivement politique, et cette exploitation éprouvée par une pratique déjà longue, donne si peu de succès que l'on en est aujourd'hui à chercher le moyen de débarrasser l'Etat de cette lourde charge qui, en définitive, pèse sur les contribuables ; et, en effet, l'honorable député Belge, malgré les considérations d'ordre supérieur qui ont poussé le gouvernement à exploiter les chemins de fer, conclut à l'abandon de cette exploitation par l'Etat.

Ce fait qui se passe près de nous, dans un pays si éminemment industriel et pratique, n'est-il pas la condamnation du système de rachat et d'exploitation par l'Etat, ou pour mieux dire de la gestion administrative et non commerciale ?

Nous ne parlerons ici que pour mémoire de ces deux grands pays, l'Angleterre et les Etats-Unis d'Amérique, nos maîtres dans la question qui nous occupe. Jamais à aucune époque, l'idée *de l'exploitation des chemins de fer par l'Etat,* n'y a été préconisée sérieusement. Ce n'est donc, ni en Angleterre, ni surtout dans la grande République Américaine, qu'il faut aller chercher des arguments favorables au projet émis par la Commission des Députés.

Ces divers résultats démontrent que l'Etat ne peut exploiter aussi économiquement que les sociétés.

En France, le coefficient moyen des grandes compagnies est de 47 à 50 °/₀. C'est donc encore chez nous que l'exploitation est la moins coûteuse.

Nous avons dit que le coefficient moyen d'exploitation de la compagnie d'Orléans est de 52 °/₀, et à côté, nous voyons l'Etat dépenser 81, 18 °/₀ de sa recette, bien que son réseau soit d'une exploitation plus facile que la plus grande partie du réseau d'Orléans.

Il est donc certain que la substitution de l'Etat aux compagnies augmenterait les dépenses de l'exploitation dans une sensible proportion, ce qui revient à dire que si tout le réseau français devient propriété nationale, l'Etat exploitera à perte, puisque le prix de rachat doit représenter le bénéfice que les compagnies réalisent actuellement, par l'effet d'une exploitation bien entendue ; dès lors, l'intérêt du Trésor sera gravement compromis, et nous nous demandons avec épouvante, ce que deviendraient nos budgets désormais attachés aux hasards d'une exploitation qui, jusqu'ici, a fourni la preuve de son incapacité, au point de vue de l'industrie.

Pour la reprise du réseau national, l'Etat devra payer, pendant les 75 ans qui restent à courir, une annuité de 560 millions environ. Or, en 1878, année de gros trafic, les recettes brutes se sont élevées, pour l'ensemble du réseau, à 869 millons de francs et les recettes nettes à 440 millions.

En admettant même que l'Etat parvienne à ramener son coefficient d'exploitation à 60 ou 65 %, ce qu'il ne pourra obtenir qu'aux dépens du public; par la suppression des trains de nuit, comme il le fait déjà sur son réseau, par une diminution sensible des trains de voyageurs et de marchandises, et au préjudice du service technique des voies ferrées, qu'arrivera-t-il? la déduction se dégage d'elle-même! le déficit sera de plus de 200 millions, et lorsque le réseau sera achevé, lorsque l'Etat exploitera 40,000 kilomètres de voies ferrées, le déficit qui pèsera sur lui atteindra près de 400 millions, peut-être plus; car il ne faut pas perdre de vue que le produit net doit diminuer avec l'accroissement du réseau, et ici, le principe est d'autant plus absolu que dans le projet de classement proposé par l'honorable M. de Freycinet, en 1878, tous les chemins de fer devant être construits par l'Etat, sont évalués en moyenne à 250,000 francs le kilomètre et que tous ces chemins sont destinés à ne pas donner plus de 1 % du capital qui aura été engagé dans la construction.

A l'exploitation vraiment commerciale à laquelle le pays est redevable de sa prospérité actuelle, succèdera l'exploitation officielle, administrative, avec son cortège de fonctionnaires, n'ayant aucune notion des intérêts commerciaux et ne devant apporter avec elle que difficultés de toutes natures vis-à-vis du public, qui se trouvera en présence de l'Etat, irresponsable, juge et partie, il est bien à craindre de voir nos industries et notre commerce se diminuer dans des proportions inquiétantes, par ce seul fait que l'Etat maître absolu des chemins de fer, toutes les industries qui, aujourd'hui, subviennent à leurs besoins, n'auront plus qu'un seul acheteur, l'Etat. Ne peut-on craindre même qu'obéissant à cette tendance d'absorption naturelle aux grands organismes, l'Etat ne se fasse lui-même fabricant, de telle sorte que de protecteur naturel de l'industrie et du commerce, il ne devienne leur concurrent, leur rival.

N'avons-nous pas encore à craindre, en outre, que l'Etat étant seul maître des chemins de fer, les tarifs ne deviennent entre ses mains un instrument fiscal, selon les besoins du Trésor, qui aura à faire face aux énormes annuités dues aux compagnies dépossédées et à combler les déficits que déjà nous pouvons prévoir?

Dès lors, plus de stabilité dans les tarifs et par suite, la sécurité des opérations commerciales sera compromise, l'essor et le mouvement des transactions seront paralysés.

En outre, Messieurs, je pense qu'il y a dans l'exploitation par l'Etat un danger que je dois vous signaler. Dans un pays, où comme le nôtre, les esprits, les goûts et les institutions changent si promptement, est-il sage de mettre à la disposition des partis 150 à 200 mille fonctionnaires nouveaux? Je crois qu'en posant la question, on ne peut la résoudre que par la négative.

Et enfin, le régime actuel n'assure-t-il pas à l'Etat, à une époque déterminée, la possession entière de tout notre réseau national? en effet, nos compagnies, vous le savez, amortissent le capital de construction des voies ferrées, et chaque année, les chemins de fer français, par le jeu de cet amortissement, deviennent de plus en plus, la propriété de l'Etat.

Dans 75 ans, les 25,000 kilomètres de chemins de fer exploités aujourd'hui par les compagnies, et qui ont coûté plus de dix milliards, seront complètement remboursés, et alors l'Etat pourra les exploiter à son gré, où les faire exploiter s'il le juge à propos, et cela sans autres charges que les seuls frais de l'exploitation. Le revenu, Messieurs, d'un tel réseau suffira à ce moment pour éteindre, sinon la totalité, du moins une grande partie de cette lourde charge que l'on appelle : — La dette publique !

Une telle perspective est-elle à dédaigner et ne doit-on pas, au contraire, tout faire en vue de se ménager dans l'avenir un si beau et si brillant résultat.

— C'est là, Messieurs, ce qui fait la supériorité du régime français, sur tout ce qui existe à l'étranger. Espérons, que le gouvernement et nos parlements auront la sagesse de ne pas se prêter à la destruction de ce merveilleux outil national, si intimement lié à l'intérêt et à la fortune de la France et que tous les autres peuples nous envient.

L'existence du réseau d'Etat dans ses limites actuelles, ou tel que l'on voudrait le constituer, conformément au projet de M. le ministre des Travaux Publics, par le rachat d'une partie des concessions de la compagnie d'Orléans, l'existence de ce réseau, disons-nous, sera toujours une menace alarmante pour les intérêts industriels et commerciaux de nos régions, nous pouvons dire, pour l'intérêt général du pays.

En effet, Messieurs, si ailleurs, si en Belgique, par exemple, ce pays de liberté commerciale, les compagnies privées font une concurrence acharnée au réseau d'Etat, il ne peut en être de même en France, car s'il plaît à la Commission des chemins de fer de considérer l'Etat comme dénué de toute autorité sur les compagnies, il a, du moins, entre les mains une arme dont il pourra toujours se servir pour empêcher la concurrence des compagnies, et cette arme, c'est le droit d'homologation des tarifs, qu'il a toujours possédé, et dont il ne s'est pas dessaisi, en se faisant entrepreneur de transports. Ainsi, l'Etat est entrepreneur de transports, et il est armé, vis-à-vis les autres compagnies dont il est le concurrent, du droit d'homologation de leurs tarifs; n'y a-t-il pas là, Messieurs, une anomalie étrange? — L'Etat juge et partie.

L'Etat pouvoir pondérateur de l'industrie et du commerce, de tous les intérêts, exerçant son droit d'homologation des tarifs, rien de mieux! C'est une garantie pour tous.

Mais l'Etat transformé en industriel, transporteur au même titre que les autres compagnies et conservant ce droit d'homologation, c'est la négation de la liberté commerciale, c'est un danger pour la production nationale.

La cause habituelle ou du moins la plus habituelle des abaissements de tarifs a une origine économique : *Transporter beaucoup et gagner peu,* gagner peu mais augmenter de plus en plus les transports afin de faire supporter les frais à des sommes plus considérables. Quand une compagnie abaisse son tarif pour établir un courant commercial, pour rendre possible un transport qui, sans cet abaissement, lui échapperait, elle fait acte de bonne et sage administration. Or, si l'Etat agrandit son réseau aux dépens d'une partie des concessions de la compagnie d'Orléans, que se produira-t-il? La compagnie d'Orléans devant avoir sur ses flancs un puissant réseau d'Etat, ayant accès à Paris, parallèlement à ses lignes, la compagnie d'Orléans, disons-nous, n'est plus assurée d'une existence propre et indépendante. Si, par exemple, elle veut établir sur Paris ou sur d'autres points (nous citons plus particulièrement Paris parce que cinq grandes compagnies y aboutissent) à l'aide de concessions de tarifs, des débouchés à certains produits, elle ne pourra le faire qu'avec le consentement de l'Etat disposant de l'homologation.

Mais s'il arrive que l'Etat ait des produits similaires sur son propre réseau, il pourra, pour garantir ses recettes contre la concurrence, refuser l'homologation sollicitée, et du même coup, il entravera l'initiative de la compagnie d'Orléans et paralysera l'activité industrielle de 'la région.

La compagnie de l'Ouest, qui aura de si nombreux points de contact avec le réseau d'Etat, se trouvera absolument dans les mêmes conditions, et le fait se produira aussi bien pour les autres compagnies, et cela à plus forte raison si la compagnie d'Orléans vient à être absorbée complètement par le réseau d'Etat.

Voilà le danger, Messieurs, et nous avions bien raison de dire que si l'Etat transformé en industriel, transporteur, au même titre que les autres compagnies et par conséquent leur concurrent, est armé du droit d'homologation des tarifs, c'est la négation de la liberté commerciale et un danger pour la production nationale. — Nous ajoutons que l'Etat, maître de l'Orléans, maître des autres réseaux, c'est la cherté des transports.

En effet, nous avons comparé les prix des tarifs généraux des deux compagnies et nous avons trouvé que les prix de l'Orléans sont sensiblement inférieurs à ceux de l'Etat. Mais, je ferai remarquer que les prix du tarif général de la compagnie d'Orléans existaient avant la constitution du réseau d'Etat, avant les compagnies qu'il a remplacées, et que la plupart des tarifs spéciaux, tous établis sur des appréciations d'ordre commercial, avaient été faits, avant qu'il ne fût question des compagnies des Charentes et de la Vendée, pour permettre à la compagnie d'Orléans de combattre la concurrence maritime. Il est clair que l'Etat disposant de l'homologation n'a pas homologué des tarifs destinés à pratiquer des détournements au préjudice de son réseau. C'est ce qui explique pourquoi certaines marchandises expédiées de Bordeaux sur Nantes ou Redon (1), et toute la région de Bretagne, par exemple, empruntent les voies de l'Orléans. La voie mixte par Coutras et La Roche-sur-Yon qui est le point terminus du réseau d'Etat sur Nantes, est plus directe sans doute, mais elle est plus chère, l'Etat n'ayant fait aucune réduction de prix de Coutras à La Roche-sur-Yon pour attirer les marchandises sur ses rails.

Les prix du tarif général de Bordeaux à Nantes (compagnie d'Orléans) sont sensiblement inférieurs aux prix légaux. Ils ont été établis d'après ce principe, tout à l'avantage du public, qui consiste à taxer non d'après la distance sur les rails, mais d'après la distance d'application, c'est-à-dire la distance à vol d'oiseau augmentée d'un tiers. — Ainsi une marchandise expédiée de Bordeaux sur Nantes, 542 kilomètres, paie par les voies d'Orléans 34 francs, tandis que par la voie mixte qui est la plus courte (Bordeaux, Coutras, La Roche-sur-Yon, Nantes), 417 kilomètres, elle paie 57 fr. 60 (5ᵐᵉ classe).

Pour s'assurer les transports sur Nantes, Redon, et toute la région de Bretagne, l'Etat ne pouvait-il pas faire des abaissements de prix?

_____

(1) Ces deux gares ne sont pas desservies directement par le réseau d'Etat.

A part les tarifs spéciaux !

n° 3 Bois.

n° 4 Matériaux de construction.

n° 10 Charbons de bois.

n° 11 Foins et pailles.

n° 12 Pâtes à porcelaines, kaolin.

n° 16 Ecorces de chêne, tan en sac.

donnant des prix à base kilométrique pour toutes les sections du réseau (Charentes), nous ne voyons qu'un seul prix de 19 francs pour les vins de Coutras à La Roche-sur-Yon (tarif D, 2).

Dans son rapport, l'honorable M. Waddington, rapporteur de la Commission, propose la *révision* des tarifs spéciaux des compagnies, trop nombreux et *contraires aux intérêts du commerce et de l'industrie*. Cette révision des tarifs spéciaux n'est autre chose que leur remplacement par un tarif *uniforme* à base kilométrique. En quoi, ces tarifs spéciaux sont-ils contraires aux intérêts du public? Est-ce parce qu'ils ont l'avantage d'offrir des prix parfois très réduits, ou par ce qu'ils sont nombreux? Le commerce ne pourrait se plaindre tout au plus que de la multiplicité de ces tarifs. Il est certain que si les tarifs spéciaux offrent des prix souvent avantageux pour le public, il en est quelques-uns dont l'usage est trop limité ; cependant, il faut rendre cette justice aux compagnies qu'elles ont fait preuve d'intelligence commerciale en créant des débouchés aux marchandises et en facilitant les échanges, par des réductions de tarifs; de là, cette quantité de marchandises, de toutes séries, introduite dans les tarifs spéciaux dont le nombre a augmenté au fur et à mesure que de nouveaux articles étaient appelés à jouir de prix réduits.

Cependant, nous ne pouvons nous refuser à reconnaître, combien il est difficile de se diriger exactement dans cette quantité de tarifs spéciaux, et combien il serait désirable de voir s'établir une tarification plus simple permettant à tous les négociants expéditeurs de pouvoir indiquer clairement sur leurs déclarations d'expédition leurs intentions; et nous devons surtout faire remarquer les inconvénients qui résultent quelquefois de l'application des tarifs spéciaux qui favorisent les localités séparément et sont souvent contraires à des localités voisines.

L'Etat exploitant, il est impossible de compter sur l'abaissement des prix de transport, parce qu'il est impossible de compter sur une réduction de dépenses de la part du réseau d'Etat qui n'exploitera jamais à moins de 65 à 70 %, et cela est tellement vrai, que tandis que les compagnies font face à toutes les dépenses d'exploitation et au service de leurs actions et obligations, avec une moyenne kilométrique de 6 centimes, le réseau d'Etat ne parvient pas à couvrir ses seuls frais d'exploitation en prélevant 7 c. 5. C'est pourquoi personne ne veut de ce régime d'exploitation; chacun sent instinctivement que l'Etat sera le pire des exploitants; l'exploitation par l'Etat a même contre elle l'opinion de nos ministres actuels.

La Commission sénatoriale de 1876, dont M. Varroy faisait partie, a déclaré que : « *l'exploitation de voies commerciales par le gouvernement* » *lui imposerait une tâche à laquelle il n'est pas propre et des responsa-* » *bilités auxquelles il lui importe de se soustraire.* »

M. de Freycinet disait le 9 mai 1878, alors qu'il était ministre des Travaux Publics : « *Je déclare que non seulement je ne désire pas, mais que* » *je redoute le fardeau de l'exploitation des chemins de fer.* »

Enfin, Messieurs, de nombreux conseils généraux saisis de la question, notamment les conseils généraux des départements sillonnés par les rails des chemins de fer de l'Etat et d'Orléans (entre autres, la Charente, la Charente-Inférieure, la Vendée, la Loire-Inférieure, la Gironde etc., etc), se sont prononcés avec la plus grande énergie contre le rachat de la compagnie d'Orléans, et, point essentiel à retenir, c'est que ces mêmes départements avaient sollicité l'appui de l'Etat en faveur des compagnies des Charentes et de la Vendée.

L'abaissement des tarifs, Messieurs, semble être un des grands arguments de MM. les rapporteurs de la Commission des chemins de fer. Mais l'Etat, pour cela, n'a pas besoin de racheter, ni d'exploiter les chemins de fer de l'une ou de plusieurs de nos six grandes compagnies.

Tout le monde sait que les transports en grande vitesse, voyageurs et marchandises, sont frappés d'un droit écrasant de 25 %, que l'Etat retire chaque année un résultat certain de l'exploitation faite par les grandes compagnies, soit en recettes perçues gratuitement pour le Trésor, soit en économies de transports pour les postes, les soldats, les marins etc., (ce profit a été, en 1878, de 250 millions), et que ce profit, encaissé par le Trésor, est supérieur à la totalité des dividendes distribués aux actionnaires. de nos six grandes compagnies.

Que l'Etat dégrève les chemins de fer d'une partie ou de la totalité de de cette somme de 250 millions et nous serons assurés d'avoir bientôt des réductions de tarifs considérables.

Nous avons, Messieurs, une dernière question à examiner; si elle n'est pas la plus importante, elle est du moins très intéressante. Il s'agit des porteurs de titres, actionnaires et obligataires. Ici, nous ne pouvons que répéter ce qu'a dit à ce sujet M. Léon Malo dans sa brochure : *Le rachat des chemins de fer, ses dangers pour les intérêts publics;* nous laissons la parole à l'honorable et savant ingénieur.

« Il est avéré qu'à l'heure qu'il est, la plus grosse part de l'épargne » publique est placée sur les chemins de fer, un milliard et demi d'actions, » six milliards et demi d'obligations.

» Quand on considère que les porteurs de titres sont au nombre de plus » de six cent mille et que c'est la petite épargne qui est la plus menacée,

» il est permis de souhaiter que l'Etat y regarde à deux fois avant de porter
» la main sur une propriété aussi intéressante et aussi divisée.

» Je laisse de côté les actionnaires dont on peut dire, à la rigueur, qu'ils
» se sont d'avance soumis aux éventualités résultant des caprices de la
» politique. Je m'occuperai seulement des obligations dont le capital de
» six milliards et demi, valeur d'émission, vaut aujourd'hui huit milliards
» et en vaudra dix, au taux du remboursement.

» Dans son rapport sur le rachat de la compagnie d'Orléans dont les
» conclusions s'appliquent virtuellement au rachat des cinq autres grandes·
» compagnies, la Commission affirme que tout le monde gagnera à l'opération.
» Les obligations, elles, toucheront le même intérêt, seront amorties dans
» les mêmes conditions, jouiront d'une garantie plus solide et acquerront
» par le rachat une plus-value importante provenant de leur assimilation
» à une valeur d'Etat.

» Cependant, les obligataires auront peut-être, et je n'aurai pas la force
» de les en blâmer, l'ingratitude de méconnaître un tel bienfait. Car, en
» réalité, et bien que leur revenu fût alimenté au moyen des annuités payées
» par l'Etat, les obligations ne cesseraient pas, pour cela, d'être des valeur
» de compagnies. Les compagnies recevraient d'une main leurs annuités,
» et de l'autre, sur ces intérêts, paieraient l'intérêt de leurs obligations.

» Est-il injurieux pour l'Etat de supposer que telle guerre étrangère,
» par exemple, telle commotion politique, telles personnalités arrivant au
» pouvoir, le service des annuités puisse être momentanément suspendu?
» L'hypothèse assurément n'aurait rien de téméraire car il n'est pas besoin
» de remonter à plus de dix ans en arrière pour trouver l'Etat incapable de
» payer ses garanties d'intérêt. Voilà donc l'obligataire placé dans cette
» situation bizarre de créancier de l'Etat, mais créancier de seconde main,
» avec un intermédiaire à responsabilité illusoire, puisqu'il serait sans
» solidité personnelle. Que l'Etat cesse de payer les compagnies, les compagnies

» cesseront de payer les obligataires qui n'auront de recours que contre
» elles, c'est-à-dire contre des ombres.

» Nous ne devons pas oublier que l'obligation de chemin de fer, assise
» comme elle est aujourd'hui, est devenue le placement de prédilection des
» petits capitaux, plus soucieux de la solidité que de l'opulence de leurs
» intérêts. Ce que recherche la petite épargne dans l'obligation, c'est, d'une
» part, l'invariabilité du revenu; d'autre part, l'éventualité du remboursement;
» en troisième lieu, la fixité relative du capital. L'obligation de chemin de
» fer dont le gage est visible et tangible ne suit pas les fluctuations des fonds
» d'Etat, qui ayant surtout pour garantie une abstraction : l'ordre public
» et la confiance, sont nécessairement ballotés par toutes les tempêtes
» politiques et sociales. Faire disparaître le gage matériel et effectif de
» l'obligation, c'est lui prouver l'instabilité des valeurs d'Etat sans leur en
» donner les avantages; c'est diminuer la sécurité et, par conséquent, la
» valeur du placement. L'acheteur de l'obligation avait compté naturellement
» sur cette plus-value de sécurité; si on la lui retire, c'est absolument
» comme si on altérait le titre d'une monnaie. Il n'y aurait qu'un mot pour
» qualifier ce procédé : ce serait la spoliation légale. »

Après ce tableau de l'avenir réservé peut-être aux porteurs de titres,
nous n'avons plus, Messieurs, qu'à résumer et à conclure.

Je vous ai montré comment était né le grand réseau national des lignes
ferrées, combien il avait donné satisfaction aux intérêts du pays.

J'ai étudié le mode d'exploitation des chemins de fer dans les pays
étrangers et vous avez vu que nul n'était préférable au nôtre, que la France
peut s'enorgueillir à juste titre de son réseau de voies ferrées qui, depuis
trente ans n'a pas cessé de s'étendre en se perfectionnant et en entraînant
avec lui la prospérité de toutes les transactions industrielles et commerciales.

J'ai mis sous vos yeux les chiffres du coefficient kilométrique des lignes exploitées, tant par l'Etat que par les compagnies françaises et étrangères, et vous avez vu que le rendement français par compagnie était le plus élevé.

J'ai recherché les objections faites contre les compagnies et je crois vous avoir démontré qu'elles n'étaient pas fondées.

Enfin, je me suis mis en présence de l'Etat exploitant nos lignes de fer et devenant, par suite, industriel et commerçant, et j'espère que vous partagerez mon avis, qu'une pareille situation est incompatible avec la haute et saine mission que les gouvernements doivent s'imposer pour affirmer la prospérité de la nation.

Enfin j'ai sondé la question des tarifs et la partie financière de l'opération et je vous ai prouvé, je crois, que cette dernière serait des plus mauvaises au point de vue du crédit national et du Trésor, que les tarifs, restant toujours à l'homologation du pouvoir, devaient être modifiés par lui suivant les besoins des localités et d'après un plan d'ensemble n'apportant aucun trouble dans le rendement du réseau total.

Aussi, Messieurs, croyant avoir rempli la mission difficile que vous avez bien voulu me confier, j'espère que vous approuverez ce rapport ainsi que les conclusions suivantes.

En présence des considérations ci-dessus mentionnées, il y a lieu de repousser l'idée du rachat et de l'exploitation des chemins de fer par l'Etat.

Ce rapport entendu,

M. le Président remercie au nom de la Chambre M. Firmin Ardant du travail long et difficile qu'il a bien voulu faire, ainsi que des considérations élevées et puissantes soulevées à l'appui de sa thèse.

La Chambre de Commerce après une longue discussion approuve à l'unanimité le rapport ainsi que ses conclusions et

Emet l'avis

Que les projets de rachat et d'exploitation des chemins de fer par l'Etat, soient formellement repoussés, au nom des grands intérêts du pays.

Et sera la présente délibération imprimée et adressée à M. le ministre du Commerce et de l'Agriculture, à M. le ministre des Travaux Publics, à nos Députés et Sénateurs et aux Chambres de Commerce, etc.

Sont présents :

MM. DUBREUIL, ALFRED, ✻ *Président.*

ARDANT , FIRMIN , *Vice-Président.*

PÉNICAUT, LÉONCE, *Secrétaire.*

SAZERAT, HONORÉ, *Trésorier.*

LAFAYE, ÉMILE.

SAPIN, GILBERT, ✻.

CHYBOIS, HIPPOLYTE.

BAZE, GUSTAVE.

Le Secrétaire-Adjoint,

H. BOURDEAU D'ANTONY.

Limoges. — Typ. F. F. Ardant frères.

www.ingramcontent.com/pod-product-compliance
Lightning Source LLC
Chambersburg PA
CBHW060534200326
41520CB00017B/5230